白崎茶会の
あたらしいおやつ

小麦粉を使わない かんたんレシピ

目次

- "あたらしい"って？ ——— 3
- 基本の作り方 ——— 4
- おいしく作るコツ ——— 5
- こんな材料で作れます ——— 6

Part1｜スノーボール
- かんたんスノーボール ——— 12
- いちごのスノーボール ——— 16
- 抹茶きなこのスノーボール ——— 17

Part2｜マフィン
- はちみつマフィン ——— 18
- ブルーベリーバナナマフィン ——— 22
- バタークリーム 抹茶ごま・チョコ・紫いも ——— 24
- さつまいもモンブラン ——— 26

Part3｜クッキーⅠ
- ごまクッキー ——— 30
- かぼちゃボーロ ——— 32
- コーンフレーククッキー ——— 34

Part4｜ボウルスポンジケーキ
- ボウルスポンジケーキ ——— 38
- チョコのボウルスポンジケーキ ——— 42
- リッチボウルスポンジケーキ ——— 43
- ヨーグルトホイップクリーム ——— 44
- 豆腐ガナッシュクリーム ——— 46
- トライフル ——— 48

Part5｜クッキーⅡ
- ピーナツバターソフトクッキー ——— 50
- ココナッツサブレ ——— 52
- フロランタン ——— 54

Part6｜パウンドケーキ
- パウンドケーキ ——— 56
- レモンケーキ ——— 58
- 濃厚チョコケーキ ——— 60
- ラズベリークランブルケーキ ——— 64
- コーヒーケーキ ——— 66
- キャロットケーキ ——— 68

Part7｜クッキーⅢ
- アイスボックスクッキー ——— 70
- ビターチョコクッキー ——— 72
- バニラクリーム ——— 74
- カスタードクリーム ——— 76
- レアチーズケーキ ——— 78
- ブルーベリーチーズケーキ ——— 82

Part8｜蒸しパン
- ラズベリー蒸しパン ——— 84
- かぼちゃ蒸しパン ——— 88
- 酒かす蒸しパン ——— 90
- 黒ごま蒸しパン ——— 91
- はちみつレモン蒸しパン ——— 92

Part9｜シートケーキ
- シートケーキ ——— 94
- 抹茶のシートケーキ ——— 96

Part10｜朝食おやつ
- ホットビスケット ——— 98
- チョコとナッツのホットビスケット ——— 100
- コーンミールのホットビスケット ——— 101
- ふわふわパンケーキ ——— 102
- バナナのパンケーキ ——— 104
- ピーナツバターソース ——— 105
- クレープ そば粉・コーンミール ——— 106

- 白崎茶会 おすすめの材料 ——— 108
- おわりに ——— 110

◎大さじ1は15㎖、小さじ1は5㎖です。
◎オーブンの温度や焼き時間は、あくまで目安です。型の大きさ、オーブンの機種などによって変わるので、適宜調整をしてください。
◎調理時間は、粗熱を取って冷ましたり、冷蔵庫で冷やし固める時間などを除きます。

"あたらしい"って？

材料をいちから見直す

おやつというと、小麦粉や卵、バターで作ることが一般的でした。
けれど、それらを使わない「おいしい」おやつがあってもいい、
と考えたのが本書です。食べてもらう相手はもちろん、
作った自分も、「エッ!?」と驚くことを約束します。

画期的でかんたんな作り方

小麦粉代わりの粉類は、混ぜすぎても固くならず、
ダマにもならないメリットがあります。
ボウルでぐるぐると混ぜてそのまま焼くスポンジケーキ、
型を持っていなくてもオーブンシートを折れば焼けるパウンドなど、
目で追うだけで伝わるように、大きな工程写真で解説しています。

みんながおいしい方法

アレルギーで食べられない、ダイエットをしている、体の不調がある……
など、小麦粉、卵、バターを控えている人の理由はさまざま。
だけど、ふわふわスポンジ、どっしりしたパウンド、サクサクのクッキー、
とろ〜りクリーム……など、おやつのおいしさは共通！
今まで必要だった材料がなくても、みんなが「おいしい」と感じるために、
食感や風味がよくなる工夫を凝らしています。

基本の作り方

レシピによって、材料や順序は多少異なりますが、
基本的な作業は以下の4ステップ。

1. 水分と糖類を混ぜる

豆乳や豆乳ヨーグルト、甘酒など、水分のある材料いずれかをベースに、
てんさい糖やはちみつなどの糖類を混ぜ溶かします。

↓

2. 油を加えて乳化させる

ココナッツオイルやなたね油など、植物油を加えることで、生地にとろみをつけます。
分離させず、全体にムラなく混ぜます。

↓

3. 粉を加える

小麦粉を使わない代わりに、米粉や片栗粉、くず粉、コーンスターチなどを
さまざまに配合して、生地をひとつにします。

[◎粉によって加減を——— 同じ米粉でも、粒子の細かさなどによって吸水率が違います。
本書の工程写真を見て、できるだけ生地の固さには注意してください。]

↓

4. 焼き上げる

型に入れたり、成形したりして、オーブンで焼き上げます。

[◎こまめに焼き色チェック！———
180℃以上の高温だと、一瞬のうちに焼き色が付きやすいので注意しましょう。]

おいしく作るコツ

本書では、あたらしいおやつの作り方を紹介しています。
使う材料が違うことで、今までなかったコツがあるため、
最初に知っておいてほしいことをお伝えします。

◎ 計量はきっちりと

おやつを作るときは、数g違うだけで、食感の仕上がりが変わってきます。
まずは、レシピ通りの分量をきちんと計りましょう。

◎ 根気よくしっかりと混ぜる

水分、油を混ぜ、粉を加えたら、「つやが出るまで」ぐるぐると混ぜます。
小麦粉と違い、米粉はグルテンがないため、混ぜすぎても生地が固くなることはありません。
ムラのないように、きちんと混ぜきることが成功の秘密！

◎ すばやくオーブンに入れる

レシピによっては、ヨーグルトやレモン汁などの酸性の水分と、
アルカリ性の重曹を混ぜることでブクブクと生地に化学反応が起きます。
そのため、オーブンに入れる直前の工程はすばやく行い、焼くことで、
もったりせず、ふわふわに仕上がります。もたもたしてしまうと、ふくらまない原因に。

おいしく食べるヒント

米粉を使ったレシピでは、焼きたては格別のおいしさですが、時間が経つと乾燥しやすくなります。表面にラップをするか、クリームでデコレーションしてしまえば、水分の蒸発を防げます。また、蒸しパンは食べる前に蒸し直したり、それ以外は霧吹きでたっぷり水をかけてトースターやオーブンで焼き直すとおいしく食べられます。弱火に熱したフライパンに入れ、ふたをして温めてもいいでしょう。

冷凍と解凍

すぐに食べきれない場合は、ぴったりとラップをして冷凍すると、おいしさが続きます。解凍するときは自然解凍をし、トースターで温め直しましょう。

こんな材料で作れます

米粉［ベースとなる基本の粉］

米粉

米粉

うるち米の粉で、上新粉よりもさらにきめ細かく製粉されたもの。**本書のおやつの主材料になります。**
必ず、米粉100％の製菓用のものを選んでください。国産品がおすすめです。パン用の米粉もあり、グルテンや増粘剤などを添加した商品もあるので注意を。

○ どんな米粉がいいですか？
製菓用の米粉の中でも、**なるべく粒子の細かいものを選びましょう。** ケーキ類がふんわりと仕上がります。粒子の粗いものは、和菓子に使われる上新粉に近い性質があり、水分を吸ったときに生地が固くなりがち。ケーキ類はずっしり、もっちりした仕上がりになりやすいです。

○ 粒子の細かさの判断は？
「黒ごま蒸しパンP91」または「はちみつレモン蒸しパンP92」を作ってみてください。分量通り混ぜても生地が重たくなってしまう粉は、粒子が粗いことが考えられます。その場合、水分をほんの少し足すだけで上手に焼ける粉もあります。
ただし、泡立て器で混ぜにくいほど固くなってしまう粉は、たくさん水分を足すと、レシピの配合が変わってしまうため、ずっしりと「ういろう」のようになることも。
粒子の粗い米粉を買ったときは、水分の少ないクッキー類がおすすめです。 特にスノーボールは、水分が一滴も入っていないため、粒子が粗くてもおいしく仕上がります。

○ おすすめの銘柄は？
何を選んだらいいかわからない場合は、製菓材料店やインターネットで購入できる、国産の「**リ・ファリーヌ**」がおすすめです。

粉類 [食感や風味をアップ]

コーンミール
乾燥させたとうもろこしを粉にしたもの。米粉に混ぜると風味が増し、きれいな卵色の焼き菓子に。そのまま生地に入れれば、**ザクザクした食感と香ばしさが出て、**クッキーにぴったり。茶こしでふるってから使うと、きめ細かくふんわりした食感になり、ケーキ類にも。ふるったコーンミールの代わりに、コーンフラワーを使ってもいいでしょう。ない場合は、コーンスターチやくず粉で代用可。

くず粉（粉末）
寒根葛の根から取ったでんぷん。葛100％のものがおすすめ。米粉に混ぜるとケーキ類はふっくら、クッキー類はサクサクに仕上がります。片栗粉やコーンスターチで代用できます。

ベーキングパウダー
アルミニウムフリーで、小麦粉不使用のものを。**生地を色白に仕上げ、縦にふくらませる力があります。**

アーモンドプードル
アーモンドを粉末にしたもの。コクと風味があり、米粉に混ぜると次の日でも比較的やわらかいリッチなお菓子ができます。アーモンドが食べられない人は、白すりごま、ココナッツフレーク（スポンジにはココナッツフラワー）を使うと同様の効果があります。

片栗粉・コーンスターチ
片栗粉はじゃがいものでんぷんで、クッキーをサクサクにします。コーンスターチはとうもろこしのでんぷんで、ケーキをふんわりさせます。なければお互い代用可。いずれも、国産の伝統製法、またはオーガニックのものがおすすめ。「加工でんぷん」は避けること。

重曹
食品用を使うこと。**生地を横にふくらませ、焼き色をつけます。**マフィンの羽を作るときに欠かせません。そのまま使うと苦味が出ますが、レモン汁やヨーグルトの酸と反応させて使います。

水分 [生地をひとつにまとめる]

豆乳ヨーグルト

豆乳

レモン汁

甘酒（濃縮タイプ）

豆乳
無調整豆乳を使います。飲んでクセのないものを選ぶこと。豆乳に含まれる大豆レシチンには油と乳化する作用があるため、大豆固形分が多いもの（9%以上）がおすすめ。乳化が悪いと、焼き菓子が油っぽくパサパサの仕上がりになってしまいます。豆乳が使えない人は、代わりにココナッツミルク、ライスミルクがおすすめです（同じ仕上がりにはなりません）。

レモン汁
豆乳に加えると、**とろみがつくため、豆乳と油がさらに乳化しやすくなります**。また、レモン汁の酸と重曹のアルカリを反応させることで、ケーキ類がふくらみ、重曹の苦味、溶け残りもなくなります。また、ベーキングパウダーで生地をふくらませるときも少し加えると、より白く仕上がります（はちみつレモン蒸しパンP92）。買いおきできる瓶入りのレモン汁が便利ですが、香料が入っているものは、人工的なレモンの香りが残るので避けましょう。

豆乳ヨーグルト
豆乳を発酵させて作ったヨーグルト。無糖のものを使います。しっかりしたとろみと酸の効果で、**しっとりふわふわのケーキを作れます**。本書では水きりして使うことが多く、さらに油と乳化しやすくなり、次の日でも固くならないリッチなケーキに。手に入らなければ種菌を買いおきし、必要なときに豆乳に入れて保温すればかんたん。種菌は、植物性乳酸菌「ブルマンヨーグルト種菌（P108）」がおすすめ（もちろん普通のプレーンヨーグルトでも作れます）。

甘酒（濃縮タイプ）
米と糀だけで造られた伝統製法のものがおすすめ。豆乳を使えない人が他のミルクで代用する場合、同じ仕上がりになりにくいのですが、甘酒を使った生地（パウンドケーキP56、レモンケーキP58、コーヒーケーキP66、ふわふわパンケーキP102）は、豆乳を他のミルクに代えてもパサつかず、ふっくらします。パウンドケーキの生地で、はちみつマフィンP18やシートケーキP94を作っても。

てんさい糖

塩

メープルシロップ

はちみつ

糖類・塩 ［味わいを生み出す］

てんさい糖（てんさい含蜜糖）
北海道の甜菜（砂糖大根）の根から作られた甘味料。パウダー状のものと粒状のものがあり、**パウダー状のものが溶けやすく、おすすめです**。粒状のてんさい糖を使う場合は、材料と合わせてから少し置いてなじませ、よく溶かすこと。また、ミルなどにかければ、かんたんにパウダー状になります。メープルシュガーやきび砂糖でも代用できます。低GI甘味料のココナッツシュガーは色が濃く、コクがあるため、ココアやコーヒーを使ったお菓子に向きます。

塩
海水100%を原料に作られた「海塩」がおすすめ。ミネラルを多く含み、何でもおいしく仕上がります。本書では、**豆乳を使うおやつには必ず使用します**。豆乳のカリウムを塩のナトリウムが中和し、苦味や青臭みを和らげます。豆乳のないレシピに同じように入れると、塩味が効きすぎることがあります。レシピに「塩 ひとつまみ」と「塩 少々」があるので、注意してください。

メープルシロップ
カエデの樹液を煮詰めて造った甘味料。ミネラルを多く含み、独特の風味とコクがあります。コーヒー味のお菓子などに使ってもおいしさが増します。

はちみつ
「調整はちみつ」ではなく「純粋はちみつ」を使いましょう。特にアカシアのはちみつは、味や香りにクセがなく万能。
とろみが強いため、ケーキ生地に入れると、**油と水分を乳化させやすくし、ふくらみもよくなります**。はちみつのとろみを利用してふくらませるはちみつマフィンP18は、代わりにメープルシロップなどを使うと、ふくらみが悪くなります。また保湿作用があり、ケーキの表面に染み込ませるシロップに使うと、時間が経っても乾燥しにくく、しっとりしたケーキに。さらに、糖分が少ない生地でも、おいしそうなきつね色の焼き色が出ます。アガベシロップ（リュウゼツランから採れる天然甘味料・低GI）でも代用できます。

ココナッツオイル

太白ごま油

オーガニックショートニング

なたね油

油［乳化によってコクができる］

なたね油・太白ごま油

温度に関係なく、常に液状の植物油は、作れるおやつの範囲は限られますが、その分初心者向きです。味や香りにクセのないものを選びましょう。なたね油は、圧搾一番搾りの油を「湯洗い」して不純物を取り除いたものがおすすめ。「なたねサラダ油」と書かれている商品も多いです。湯洗いしていない黄色いなたね油は、風味が強く、本書にはあまり向きません。太白ごま油はごまを煎らずに低温圧搾法で搾ったもの。クセがないため、湯洗いのなたね油と同様に使えます。その他、グレープシードオイルもおすすめ。好みの植物油を見つけましょう。

オーガニックショートニング

オイルが溶ける温度がココナッツオイルより高く、温度が下がってもココナッツオイルほどカチカチにならない特性があります。気温の高いとき、低すぎるときは、ココナッツオイルよりも扱いやすくおすすめ。夏に作るバタークリームP24は、こちらがおすすめ。

ココナッツオイル（無味無臭タイプ）

クッキーはサクサク、ケーキはふんわりと仕上がり、もっとも酸化しにくいオイルです。ココナッツの香りが強いものと、無味無臭の精製したものがあり、無味無臭がおすすめ。どんなレシピにも使えます。化学薬品不使用のものを選びましょう。ココナッツの甘い香りが好きな人は、香りのあるものでもOK。

低温（24℃以下）で固まるので、アイスボックスクッキーP70など、冷やす工程があるおやつに特に向きます。空気を含むため、植物性の材料だけでおいしいクリーム類も作れます（夏はNG）。固まっているオイルを溶かすときは、温度を上げすぎないことが大切です。

溶かしたオイルを液体類に混ぜるときは、一気に入れてすばやく混ぜること。少しずつ入れるとダマになってしまいます。ココナッツオイルを入れて焼いたクッキーは、冷蔵庫で冷やすと食感が変わっておいしいので、試してみてください。

副材料

[おいしさを無限大に広げる]

ココアパウダー
抹茶
紫いもパウダー
コーンフレーク
すりごま
ピーナツバター

ココアパウダー・抹茶・紫いもパウダー

ココアパウダーは調整ココアではなく、純ココア（ピュアココア）を使いましょう。抹茶、紫いもパウダーも、**添加物などのないピュアなもの**を。これらを配合することで、同じレシピでも、美しい色と味のバリエーションを楽しめます（ココアパウダーを使うレシピで、抹茶にしたい場合は、ココアの半量にし、紫いもパウダーにしたい場合は、ココアと同量にします）。クッキー、スポンジケーキ、マフィン、蒸しパンなどがおすすめ（紫いもパウダーは、ケーキ類に使うと青緑色になるため、レモン汁少々を加えましょう）。いずれも湿気やすいので保存には注意しましょう。

すりごま

良質な油分があり、クッキー生地に混ぜると**香ばしさと風味が増し、食感がよくなります**。開封後は味がどんどん落ちるので、なるべく早く使いきりましょう。クッキー類のアーモンドプードルは、白すりごまで代用できます。

コーンフレーク

焼き菓子に入れると、米粉だけでは出せない**ザクザクとした食感**を出してくれます。プレーンなものを使いましょう。玄米フレークもおすすめです。クッキーに入れるのはもちろん、砕いてクランブルケーキやホットビスケットなどに入れてもおいしいです。

ピーナツバター

ピーナツ100%の無糖タイプがおすすめ。焼き菓子やソースに風味とコクを与え、**乳製品なしでも濃厚な仕上がりになります**。とろみが強く、植物油の油浮きを防ぐ効果もあります。ピーナツが使えない人は、タヒニペースト（煎っていない白ごまペースト）や白ねりごまでも代用できます。また、好みのナッツ（ローストしたもの）をフードプロセッサーにかけると、自分でもかんたんにナッツペーストができます。カシューナッツペーストは、クセがなくクリーミーでおすすめです。

材料の準備
完成→P15

塩
てんさい糖
アーモンドプードル
米粉
ココナッツオイル
てんさい糖
片栗粉

かんたん スノーボール

シャリシャリサクサクと食感が楽しく、
米粉とは思えない口どけのよさが魅力。
気軽に作れて、つい手が伸びます。
水分をまったく入れないことが大切です！

調理時間 30分
難易度 ★☆☆

材料（24個分）
A｜米粉 — 70g
　アーモンドプードル — 30g
　てんさい糖 — 30g
　塩 — 少々
ココナッツオイル（溶かしたもの）— 50g

［仕上げ用］
てんさい糖 — 大さじ1
片栗粉（またはコーンスターチ）— 小さじ1

Part 1：スノーボール

1　ボウルにAを入れる。

2　泡立て器でさっと混ぜる。

3　2の中央をくぼませ、ココナッツオイルを入れる。

4　ポロポロのフレーク状になるまで、ヘラでよく混ぜる。

5 手でひとまとめにする。
まとまらないときは、オイルを数滴入れて！

6 スケッパーで生地を24等分にして、指先で丸い形にする。

7 160℃に温めたオーブンで10分、150℃に下げて10〜15分焼く。網の上にのせて、冷ます。
焼き上がったばかりはくずれやすいので、あまり触らないこと。

8 ［仕上げ用］のてんさい糖、片栗粉をポリ袋に入れてふり、7を入れて全体にまぶす。
てんさい糖は、パウダー状のものがおすすめ。

Part 1：スノーボール

ホロッととける幸せの味

おやつ作りのヒント

○「チョコのスノーボール」にアレンジ
Aの米粉を60gに減らし、
ココアパウダー10gを加えると作れます。

○ ココナッツオイルがない場合は？
なたね油でも作れます。ただし生地をまとめるときに、
手でギュッと強くにぎる必要があります。

○ なぜ水を一切入れないのですか？
豆乳などの水分が入るとホロッとした食感が出ず、
焼き色が付きやすくなってしまいます。

○ アーモンドプードルを使わないときは？
アーモンドプードルの代わりに、ココナッツフレークや
すりごまでもおいしく作れます。

かんたんスノーボール(P12)のアレンジ①
いちごのスノーボール

いちごをそのままお菓子にしたような愛らしい見た目と、
甘ずっぱい香りがたまりません。
少量のパウダーできれいな色に。

材料(24個分)
A
- 米粉 —— 70g
- アーモンドプードル —— 25g
- いちごパウダー —— 小さじ2 (2g)
- てんさい糖 —— 30g
- 塩 —— 少々

ココナッツオイル(溶かしたもの)
—— 50g

[仕上げ用]
- てんさい糖 —— 大さじ1と1/2
- いちごパウダー —— 小さじ2

調理時間 ★30分
難易度 ☆☆

1. ボウルにAを入れ、泡立て器でさっと混ぜる。
2. 1の中央をくぼませ、ココナッツオイルを入れる。ポロポロのフレーク状になるまでヘラでよく混ぜ、手でひとまとめにする。
3. スケッパーで生地を24等分にして、手のひらで丸める。
4. 160℃に温めたオーブンで10分、150℃に下げて10〜15分焼く。網の上にのせて、冷ます。
5. [仕上げ用]の材料をポリ袋に入れてふり、4を入れて全体にまぶす。

Part 1：スノーボール

かんたんスノーボール（P12）のアレンジ②
抹茶きなこのスノーボール

抹茶のほろ苦さと、きなこのふんわりとした甘みがマッチ。
中までしっかり「抹茶」色。
お茶うけにぴったりです。

材料（24個分）
A ｜ 米粉 —— 75g
　｜ きなこ —— 20g
　｜ 抹茶 —— 小さじ1と1/2（3g）
　｜ てんさい糖 —— 30g
　｜ 塩 —— 少々
ココナッツオイル（溶かしたもの）
　—— 50g
［仕上げ用］
てんさい糖 —— 大さじ1と1/2
抹茶 —— 小さじ1

1　ボウルにAを入れ、泡立て器でさっと混ぜる。
2　1の中央をくぼませ、ココナッツオイルを入れる。
　　ポロポロのフレーク状になるまでヘラでよく混ぜ、
　　手でひとまとめにする。
3　スケッパーで生地を24等分にして、手のひらで丸める。
4　160℃に温めたオーブンで10分、150℃に下げて10〜15分焼く。
　　網の上にのせて、冷ます。
5　［仕上げ用］の材料をポリ袋に入れてふり、4を入れて全体にまぶす。

調理時間 ★30分
難易度 ☆☆

はちみつマフィン

卵、乳製品、そして小麦粉を使わないマフィン。
きめ細かな生地で、あっさりした食べ心地です。
材料を混ぜていく順序がとても大切なので、
レシピ通りに作ってみてください。

調理時間 30分
難易度 ★☆☆

材料(6個分)
米粉 — 100g
A｜コーンスターチ（または片栗粉）— 25g
　｜ベーキングパウダー — 小さじ1 (4g)
　｜重曹 — 小さじ1/2 (2g)
B｜豆乳 — 80g
　｜はちみつ — 60g
　｜レモン汁 — 20g
　｜塩 — ひとつまみ
好みの植物油 — 40g

Part 2：マフィン

1 2
3 4

1 マフィン型に油（分量外）を薄くぬって
米粉（分量外）をふり、紙カップを入れる。

2 小さな器にAを入れ、よく混ぜておく。

> 重曹を入れるときは、指できれいにつぶしましょう。
> かたまりが残るとふくらみが悪く、苦味が出ます。

3 ボウルにBを入れて混ぜ、
はちみつを溶かす。

4 油を加え、
油が浮かなくなるまでよく混ぜ、乳化させる。

> ココナッツオイルを使う場合は、溶かしたものを
> 一気に入れ、すばやく混ぜること。

5 米粉を入れ、つやが出て
なめらかになるまでしっかり混ぜる。

> まだ重曹などが入っていないため、ここはゆっくり混ぜても大丈夫です。

6 2を加え、すばやく混ぜる。

> レモン汁の酸と、重曹のアルカリが反応してブクブクするので急いで！

7 すばやく型に入れ、
180℃に温めたオーブンで10分、
160℃に下げて15分焼く。

8 焼き上がったら、
型を台の上で何度か叩きつけ、
網の上にのせて冷ます。

> 熱いうちに型から出すとしぼんでしまうので、冷めてから取り出すこと。

Part 2 : マフィン

お店に並んでいるみたいに
きれいな羽ができる

おやつ作りのヒント

○「チョコマフィン」にアレンジ
米粉を10g減らし、ココアパウダー10gを加えて同様に作ります。

○「リッチマフィン」にアレンジ
米粉を10g減らし、アーモンドプードルを20g加えて同様に作ります。次の日も固くならないリッチな生地になります。

○「抹茶マフィン」にアレンジ
米粉を5g減らし、抹茶5gを加えて同様に作ります。

○生地が固くなってしまったら？
霧吹きでたっぷり水をかけ、トースターやオーブンなどで温め直すとおいしく食べられます。

バナナが本領発揮!
香りと食感が格段にアップ

ブルーベリー
バナナマフィン

バナナの粘りを生かした、ふんわり生地のマフィン。
ブルーベリーのはじける酸味が相性抜群!
ナッツやドライフルーツを入れたり、
残ったバナナのスライスを入れてもおいしく作れます。

調理時間 40分
難易度 ★★☆

材料(6個分)
米粉 — 100g
A ┃ アーモンドプードル — 25g
　 ┃ (またはコーンスターチ15g)
　 ┃ ベーキングパウダー — 小さじ1(4g)
　 ┃ 重曹 — 小さじ1/2(2g)

バナナ(熟れすぎていないもの) — 70g
レモン汁 — 20g
B ┃ 豆乳 — 60g
　 ┃ てんさい糖 — 40g
　 ┃ 塩 — ひとつまみ

好みの植物油 — 40g
ブルーベリー — 適量

Part 2：マフィン

ココナッツオイルを使う場合は、溶かしたものを
一気に入れ、すばやく混ぜること。

1　2

3　4

重曹などを入れ
たら急いで！

1　小さな器にAを入れ、泡立て器でよく混ぜておく。
　　別の大きめのボウルにバナナと
　　レモン汁を入れ、フォークでバナナをつぶす。

2　泡立て器に持ちかえ、1のバナナをつぶしなが
　　らよく混ぜる。なめらかになって粘りが出たら、
　　Bを加え、てんさい糖が溶けたら
　　油も加え、乳化するまでよく混ぜる。

3　2に米粉を入れてなめらかになるまでよく混ぜ、
　　Aも加えてすばやく50回ほど混ぜる。
　　ブルーベリーの半量を加え、
　　さっとひと混ぜする。

4　すばやくマフィン型に入れ、
　　上に残りのブルーベリーをのせる。
　　180℃に温めたオーブンで10分、
　　160度に下げて15〜20分焼く。

まったりしたコクのある なめらかなクリーム

おいしい食べ方

バタークリーム
抹茶ごま・チョコ・紫いも

さまざまなマフィン、ケーキのトッピングに。同じ作り方で、3つの味が楽しめます。夏は溶けやすいので、あまりおすすめしません。

調理時間 15分
難易度 ★☆☆

材料（作りやすい分量）

［抹茶ごまバタークリーム］
A｜てんさい糖 — 30g
　｜抹茶 — 5g
B｜豆乳 — 20g
　｜白ねりごま（またはタヒニペースト）— 小さじ1
　｜塩 — 少々

［チョコバタークリーム］
A｜てんさい糖 — 30g
　｜ココアパウダー — 10g
B｜豆乳 — 20g
　｜塩 — 少々

［紫いもバタークリーム］
A｜てんさい糖 — 30g
　｜紫いもパウダー — 5g
B｜豆乳 — 20g
　｜塩 — 少々
レモン汁 — 5g

ココナッツオイル — 50g
（溶かしたもの・またはオーガニックショートニング）

はちみつマフィン（P18）にしぼって…

1 2
3 4

急ぐときは、氷水を張ったボウルに
当てて作業をすると、早くできます。

1 ボウルにAを入れてよく混ぜる。

気温が高い日は、各工程で冷
蔵庫に入れてよく冷やすこと。

2 Bを加えてよく混ぜ、
てんさい糖をしっかりと溶かす。

3 ［紫いもバタークリーム］の場合は、
レモン汁を加える。

たちまち、色が鮮やかになります！

4 ココナッツオイル（またはやわらかくした
オーガニックショートニング）を加え、
泡立て器でよく混ぜる。冷蔵庫で冷やし、
固まりかけたらよく混ぜ、乳化させる。
ふんわりとしたクリーム状になったら完成。

材料の準備
完成→P29

さつまいも
バニラクリーム
豆乳
塩
はちみつ
ラム酒
植物油（ココナッツオイル）
はちみつマフィン

おいしい食べ方

さつまいもモンブラン

みょうばんやクチナシを使わずに、
美しいさつまいもクリームを作ってマフィンにおめかし。
トッピングまでもさつまいも。
ワッと歓声の上がる、あたらしいモンブランの登場です。

調理時間 60分
難易度 ★★☆

材料（6個分）
はちみつマフィン（P18）──6個
バニラクリーム（P74）──全量

［さつまいもクリーム］
さつまいも──300g（皮をむいて正味）
豆乳──100g〜（要調節）

A｜はちみつ──大さじ3〜（要調節）
　｜塩──少々
　｜ラム酒──大さじ1
好みの植物油──15g

↳ はちみつマフィン（P18）にしぼって…

Part 2：マフィン

1　2
3　4

1 さつまいもの皮を厚めにむき、6個を丸く切り出し、残りは薄切りにする。15分以上水にさらし、アクを抜く。

> 丸く切るときのくずも一緒に入れましょう。

2 1を鍋に入れ、たっぷりの水を張って弱火にかけ、沸騰したら5分で火を止め、ざるに上げる。

3 丸く切ったさつまいもを小鍋に移してはちみつ（分量外・大さじ2）を加え、色鮮やかになったら水をひたひたに入れ、ごく弱火にかけ沸騰させ、5分加熱して冷ます。

4 その間、残りのさつまいもを鍋に戻し、かぶるくらいの水を入れて火にかけ、竹ぐしがスッと通るまでゆでる。

5 鍋に湯が残っていたら捨て、豆乳を入れてハンディブレンダーにかける（フードプロセッサーやこし器でもよい）。

6 Aを入れ、味をみてととのえ、弱火にかけてつやが出るまでねり、火を止めて油を入れ、乳化させる。粗熱を取って、冷蔵庫で冷やす。

7 はちみつマフィンにバニラクリームをのせる。

8 6をしぼり袋に入れて、ぐるぐるしぼる。3の甘煮をのせる。

スプーンやヘラでのせても大丈夫です。

Part 2：マフィン

おいもの甘みたっぷり！

おやつ作りのヒント

◯ クリームの調整に気をつける
さつまいもの甘さや固さによって、はちみつや豆乳の量を調整してください。

◯ はちみつがない場合は？
はちみつの代わりに、てんさい糖50gでもおいしく作れます。そのときも、さつまいもの甘さによって、量を調整してください。

◯ きれいに作るために
［さつまいもクリーム］は、ココナッツオイルで作ると、しぼりやすくなります。

1枚、また1枚と、とまらなくなるおいしさ

ごまクッキー

ごまの香ばしさを生かして、
風味と食感のよいクッキーができました。
これまた、フォークの成形だからかんたん。
ココナッツオイルがなければ、太白ごま油でも作れます。

調理時間 —— 30分
難易度 —— ★☆☆

材料（24個分）

A | 米粉 —— 50g
　| すりごま（白でも黒でも）—— 25g
　| 片栗粉（またはコーンスターチ）—— 25g

B | てんさい糖 —— 30g
　| 豆乳 —— 15g
　| 塩 —— ひとつまみ

ココナッツオイル —— 35g（溶かしたもの・または太白ごま油30g）

Part 3：クッキーⅠ

1 ボウルにBを入れて混ぜ、
てんさい糖を溶かす。

2 オイルを加えてさらに混ぜ、
乳化させる。

> 夏の暑い日は、冷蔵庫で少し冷やすと、クリーム状に
> なって乳化しやすくなります。

3 Aを加え、ボロボロのフレーク状になるまで
ヘラでよく混ぜ、手でひとまとめにする。

> まとまらないときは、豆乳を数滴たらすとよいでしょう。

4 スケッパーで生地を24等分にし、
かるく丸めてつぶし、フォークで跡をつける。
160℃に温めたオーブンで10分、
150℃に下げて12〜15分焼く。
網の上にのせて、冷ます。

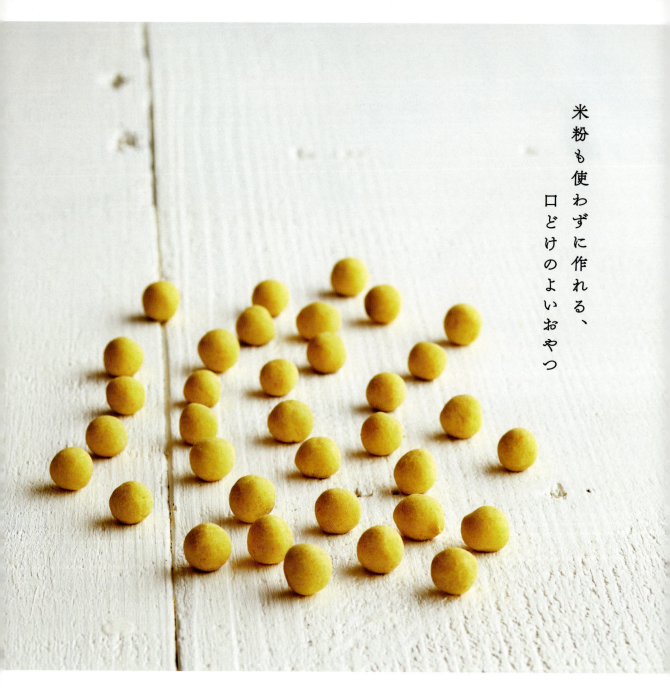

米粉も使わずに作れる、口どけのよいおやつ

かぼちゃボーロ

かぼちゃの風味を生かした、
ちょっとだけリッチなボーロです。
どこかなつかしく、しみじみとした焼き菓子。
軽い食感で、しゅわーっと口の中でとけるおいしさです。

調理時間 30分
難易度 ★☆☆

材料（40個分）

A
- 片栗粉 —— 50g
- ベーキングパウダー —— 小さじ3/4（3g）

B
- かぼちゃ（蒸したもの）—— 15g
- てんさい糖 —— 15g
- 塩 —— 少々
- ココナッツオイル（溶かしたもの・またはなたね油）—— 20g

Part 3 : クッキー I

1 ボウルにBを入れ、
　ヘラでかぼちゃをつぶしながらよく混ぜ、
　てんさい糖を溶かす。

2 オイルを加えてよく混ぜ、
　乳化させる。

　　てんさい糖が溶けるまでよ〜く混ぜ、オイルもちゃんと乳化
　　させること！食感が悪くなる＆油浮きの原因に

3 Aを加え、粉気がなくなるまでヘラでよく混ぜ、
　ラップに包んで四角くまとめ、
　冷蔵庫で10〜30分ほど冷やす。

4 スケッパーで生地を40等分にし、丸める。
　160℃に温めたオーブンで10分、
　150℃に下げて10分焼く。
　網の上にのせて、冷ます。

コーンフレーク
クッキー

みんな大好きなコーンフレークを、クッキーにとじ込めます。
クッキーの食感がさらに立体的に!
最後は生地をスプーンで落とすだけだから、
子どもにお手伝いしてもらいましょう。

調理時間 30分
難易度 ★☆☆

材料（12枚分）

A │ 米粉 ── 30g
　│ 片栗粉 ── 20g
　│ ベーキングパウダー ── 小さじ1/2（2g）
　│ シナモンパウダー ── 小さじ1/2（1g）

B │ てんさい糖 ── 30g
　│ 豆乳 ── 20g
　│ 塩 ── ひとつまみ

好みの植物油 ── 30g
コーンフレーク（または玄米フレーク）── 30g

Part 3：クッキー I

1 ボウルにAを入れ、泡立て器でよく混ぜておく。

2 別の大きめのボウルにBを入れる。

3 よく混ぜて、てんさい糖を溶かす。
　　てんさい糖の粒が残っていないか、確認しましょう。

4 油を加えてさらに混ぜ、乳化させる。
　　ココナッツオイルを使う場合は、溶かしたものを一気に入れ、すばやく混ぜること。

5 1を加えて、すばやく混ぜる。

6 コーンフレークを加えてスプーンで
さっと混ぜ、ひとまとめにする。

7 スプーンで12等分にし、
オーブンシートをしいた天板にのせ、
平らにつぶす。

8 160℃に温めたオーブンで10分、
150℃に下げて20分〜サクッとするまで焼く。
網の上にのせて、冷ます。

Part 3：クッキーI

サクサク好きには
たまらない立体感

おやつ作りのヒント

○ **好きな材料を加える**
6で、好みのナッツやドライフルーツなどを入れても
おいしいです。

○ **かんたんアレンジ**
7ですべての生地を平らにのばし、焼き上がってから割って
食べてもおいしいです。

○ **「玄米フレーククッキー」にアレンジ**
コーンフレークの代わりに玄米フレークを入れると、
より香ばしい仕上がりになります（写真手前）。

| 材料の準備 |
| 完成→P41 |

(ラベル: 豆乳 / 米粉 / 塩 / ベーキングパウダー / 重曹 / レモン汁 / てんさい糖 / なたね油 / コーンミール)

ボウル
スポンジケーキ

デジタル式の計量器があれば、計量から生地作り、焼き上げまで、すべてひとつのボウルでできる、もっとも手間いらずのお菓子です。あらゆるクリームとよく合います。

調理時間 45分
難易度 ★☆☆

材料（20〜25cmのボウル1個分）

A｜米粉 —— 100g
　｜コーンミール（ふるったもの）—— 20g
ベーキングパウダー —— 小さじ1（4g）
重曹 —— 小さじ1/2（2g）

B｜豆乳 —— 100g
　｜なたね油（または太白ごま油）—— 45g
　｜てんさい糖 —— 45g
　｜塩 —— ひとつまみ
レモン汁 —— 20g

Part 4：ボウルスポンジケーキ

完全に冷めたらボウルを返し、生地の周囲を指で押して外しましょう。

1 ボウルにBを入れる。

2 泡立て器でよく混ぜ、てんさい糖を溶かす。油が浮かなくなるまでよく混ぜ、乳化させる。

3 2にAを加え、その上にベーキングパウダー、重曹をのせる。
重曹は指でよくつぶすこと。

4 なめらかになってつやが出るまで、泡立て器でよく混ぜる。

5 レモン汁を加え、すばやく50回ほど混ぜ（みるみるふくらむ）、台の上に数回打ちつけて軽く空気を抜く。
急いで作業を！

6 ボウルのまま、180℃に温めたオーブンで10分、160℃に下げ20〜25分焼く。焼き上がったらすぐにボウルを逆さまにして網に伏せ、そのまま冷ます。

ボウルひとつで作れる、手間ナシおやつ

おやつ作りのヒント

○ どうしてボウルをひっくり返すのですか？
すぐにボウルから外すと、スポンジがしぼんでしまうため。
ひっくり返すことで、水分がちょうどよく抜けます。

○ さらにかんたん！
生地を外さずに、ボウルのまま上にクリームを流し込んでもOK。
20cmくらいのふた付きのボウルに流し込んで焼けば、
そのままクリームを入れて持ち運びもできますよ（P48）。

○ 他の型では焼けませんか？
シフォン型（15～16cm）でもおいしく焼けます。
型にはオイルを塗らないこと。
シリコン加工のものは、ひっくり返したとき
生地が崩れ落ちてしまうので避けましょう。
シフォン型で焼く場合は、
台に打ちつけて空気を抜く作業は必要ありません。

Part 4：ボウルスポンジケーキ

ふんわりとした、定番のスポンジ

○スピーディーに焼くと成功！
レモン汁を入れてからは、作業を急ぐこと。
ゆっくりしているとレモンの酸と重曹の反応が
終わってしまい、ふくらみが悪くなってしまいます。

○コーンミールをふるった残りは？
すりごまやココナッツの代わりに、
クッキーに混ぜて焼くとおいしく食べられます。

○生地の乾燥を防ぐコツ
焼き上がったスポンジは、ボウルから外したら、
すぐにポリ袋に入れて口を閉じ、乾燥を防ぐこと。
その日のうちに食べない場合は冷凍しておきましょう
（冷蔵ではパサパサになってしまう）。

○生地が固くなってしまったら？
霧吹きで水をかけ、温め直すとおいしく食べられます。

ボウルスポンジケーキ(P38)のアレンジ①
チョコのボウルスポンジケーキ

ココアを加えると、人気のチョコ生地に。
バレンタインやクリスマスなど、特別な日のお菓子にぴったりです。

材料(20〜25cmのボウル1個分)
A │ 米粉 —— 80g
  │ ココアパウダー —— 20g
  │ コーンスターチ —— 25g
ベーキングパウダー —— 小さじ1 (4g)
重曹 —— 小さじ1/2 (2g)
B │ 豆乳 —— 110g
  │ なたね油(または太白ごま油) —— 45g
  │ てんさい糖 —— 50g
  │ 塩 —— ひとつまみ
レモン汁 —— 20g

1 ボウルにBを入れ、泡立て器でよく混ぜる。
2 1にAを加え、その上にベーキングパウダーと重曹をのせ、泡立て器で、なめらかになるまでよく混ぜる。
3 2にレモン汁を加え、すばやく50回くらい混ぜ、台の上に数回打ちつけて軽く空気を抜き、180℃に温めたオーブンで10分、160℃に下げて20〜25分焼く。
4 すぐにボウルを逆さまにして網に伏せ、そのまま冷ます。

調理時間 —— 45分
難易度 —— ★☆☆

Part 4：ボウルスポンジケーキ

ボウルスポンジケーキ(P38)のアレンジ②
リッチボウルスポンジケーキ

アーモンドプードルを入れることで、風味が豊かな仕上がりに。
次の日もふわっとやわらかく、口当たりも軽いスポンジです。

材料（20〜25cmのボウル1個分）

A
- 米粉 —— 80g
- アーモンドプードル —— 20g
- コーンスターチ —— 25g

ベーキングパウダー —— 小さじ1 (4g)
重曹 —— 小さじ1/2 (2g)

B
- 豆乳 —— 110g
- なたね油（または太白ごま油）—— 40g
- てんさい糖 —— 40g
- 塩 —— ひとつまみ

レモン汁 —— 20g

1 ボウルにBを入れ、泡立て器でよく混ぜる。

2 1にAを加え、その上にベーキングパウダーと重曹をのせ、
  泡立て器で、なめらかになるまでよく混ぜる。

3 2にレモン汁を加え、すばやく50回くらい混ぜ、
  台の上に数回打ちつけて軽く空気を抜き、
  180℃に温めたオーブンで10分、160℃に下げて20〜25分焼く。

4 すぐにボウルを逆さまにして網に伏せ、そのまま冷ます。

調理時間 45分
難易度 ★☆☆

サワークリームと
バタークリームの
間のような味わい

おいしい食べ方

ヨーグルト
ホイップクリーム

☞ ボウルスポンジケーキ(P38)にぬって…

水きりしたヨーグルトで、ふわっと軽やかなクリームに。
ほのかな酸味があってさっぱりとしているので、
フルーツに添えたり、凍らせてもおいしい。
よーく冷やしてどうぞ。

調理時間 — 15分
難易度 — ★☆☆

材料（作りやすい分量）

豆乳ヨーグルト —— 400g（1パック）
てんさい糖 —— 30〜40g
塩 —— ひとつまみ
ココナッツオイル（溶かしたもの）—— 65g

Part 4 : ボウルスポンジケーキ

ヨーグルトを長めに水きりしたほうが酸味も少なく、しっかりしたコクのあるクリームになります。

1 ざるの上にキッチンペーパーをしいてヨーグルトをのせ、ひと晩水きりをし、150g用意する。

2 ボウルに1、てんさい糖、塩を入れ、泡立て器でなめらかになるまでよく混ぜる。

3 ココナッツオイルを一度に加え、すばやく混ぜる。

4 一度分離するが、ひたすら混ぜ続ける。

5 乳化して、ふわっと空気を含んだら完成。冷蔵庫でよく冷やす。

6 ボウルスポンジケーキ（P38）にのせるとおいしい。

冷蔵庫で冷やす際、クリームでスポンジ全体を覆うと、生地の乾燥を防げます。

濃厚なのに軽く、みんな大好きな味

おいしい食べ方

豆腐ガナッシュクリーム

豆腐たっぷりなので、しっかりコクのある舌触り。
大豆臭さはまったく出ずに、
なめらかで風味のよい作り方です。

調理時間 20分
難易度 ★☆☆

☞チョコのボウルスポンジケーキ(P42)にぬって…

材料（作りやすい分量）
豆腐（絹）——300g
A ｜ ココアパウダー——25g
　｜ メープルシロップ——大さじ4
バニラエキストラクト——小さじ2（またはバニラオイル数滴）
塩——ひとつまみ
ココナッツオイル（溶かしたもの）——60g

Part 4：ボウルスポンジケーキ

1 豆腐を小さく切って鍋に入れ、かぶるくらいの水を加え、中火にかける。沸騰したら弱火にして5分加熱する。

2 ざるに上げてしっかり湯をきって冷まし、200g用意する。

3 2をフードプロセッサーかブレンダーにかけ、なめらかになるまでかくはんする。

4 Aを加えてさらにかくはんし、ココナッツオイルを一度に加え、さらにかくはんしたら完成。

5 好みのスポンジケーキにのせ、フルーツをはさむとおいしい。

6 バタークリーム（P24）、ビターチョコクッキー（P72）、アイスボックスクッキー（P70）で飾れば、くまのケーキに！

どんどん重ねるだけで
魅惑のデザート

おいしい
食べ方

トライフル

スポンジ、クリーム、フルーツを重ねた、
華やかな一品。すくって食べれば、層のハーモニーが格別！
生クリームもバターも使いません。

調理時間 20分
難易度 ★☆☆

材料（20cmのふた付きボウル1個分）
好みのボウルスポンジケーキ（P38〜43）……1台
カスタードクリーム（P76）……全量
ヨーグルトホイップクリーム（P44）……全量
好みのフルーツ……適量

Part 4 : ボウルスポンジケーキ

1

2

3

4

5

6

1 ボウルスポンジケーキを焼き、一度取り出して2枚にスライスする。容器を洗って、スポンジを1枚入れる。

2 フルーツをボウルの内側に並べ、カスタードクリームの半量をスポンジの上にのせ、平らにのばす。

3 フルーツをのせる。

4 残りのカスタードクリームをのせ、平らにのばす。

5 もう1枚のスポンジをのせる。

6 5の上にヨーグルトホイップクリームをのせ、ヘラで跡をつけるようにのばす。冷蔵庫で1時間以上冷やす。

ピーナツの甘みたっぷり

ピーナツバター ソフトクッキー

ねっちりと濃厚な、ピーナツの甘みがぎっしり。
少ししっとりした食感がクセになります。
温かいミルクティーと一緒に、
寒い季節のおやつにいかがですか？

調理時間 — 25分
難易度 — ★☆☆

材料（6枚分）

A
| 米粉 — 70g
| 片栗粉（またはコーンスターチ）— 30g
| ベーキングパウダー — 小さじ1（4g）

B
| ピーナツバター（チャンクタイプ）— 75g
| 豆乳 — 50g
| てんさい糖 — 35g
| 塩 — ひとつまみ

好みの植物油 — 25g

Part 5：クッキーⅡ

1 ボウルにBを入れ、
なめらかになるまで泡立て器でよく混ぜる。

2 油を加えてよく混ぜ、乳化させる。

> ココナッツオイルを使う場合は、溶かしたものを一気に入れ、すばやく混ぜること。

3 Aを入れて、粉気がなくなるまでよく混ぜる。

4 6等分してオーブンシートをしいた天板にのせ、かるく丸めてから手でつぶす。
170℃に温めたオーブンで15分ほど焼く。
網の上にのせて、冷ます。

> 生地ができたら、すばやく作業を行いましょう。

口じゅうに広がる
ココナッツの南国の香り

ココナッツサブレ

バター、そして小麦粉ナシでも、
ザクザクのハードタイプのサブレが完成しました。
ほんのりとしたココナッツの風味が、
あとひくおいしさです。

調理時間 35分
難易度 ★☆☆

材料（20枚分）

A| 米粉 —— 50g
 | 片栗粉（またはコーンスターチ）—— 25g
 | ココナッツフレーク —— 25g

B| てんさい糖（またはココナッツシュガー）—— 30g
 | 豆乳 —— 15g
 | 塩 —— ひとつまみ
 | ココナッツオイル（溶かしたもの）—— 35g

Part 5：クッキーⅡ

冷やしすぎると、カチカチになってのばしにくくなるので注意。

1　ボウルにBを入れて混ぜ、てんさい糖を溶かし、ココナッツオイルを加えて乳化させる。
　　Aを加え、粉気がなくなるまでヘラでよく混ぜる。
　　ラップに包んで四角くまとめ、
　　冷蔵庫で10〜30分ほど冷やす。

2　オーブンシートにのせてラップをし、
　　めん棒で4mm厚さにのばす。

3　包丁で切り込みを入れ、
　　160℃に温めたオーブンで10分焼く。

4　一度取り出し、包丁で切り込みをなぞって切り離し、
　　オーブンを150℃に下げて15分ほど焼く。
　　網の上にのせ、熱いうちに
　　塩（分量外）をふって冷ます。

手間は少しかかる分、一段とおいしい焼き菓子

フロランタン

フランスで愛されてきた、アーモンドたっぷりの焼き菓子。
小さじ1杯のコーヒーが隠し味です。
ミルキーなクッキーを土台に、
キャラメルアーモンドが重なり、薄いのに贅沢な一品に。

調理時間 60分
難易度 ★★☆

材料（9〜12枚分）
[クッキー部分]
A｜米粉 —— 70g
　｜アーモンドプードル —— 30g
B｜てんさい糖 —— 30g
　｜豆乳 —— 大さじ1
　｜塩 —— ひとつまみ

ココナッツオイル
（溶かしたもの）—— 50g
[トッピング]
スライスアーモンド（ロースト）
—— 50g

C｜てんさい糖 —— 30g
　｜メープルシロップ —— 30g
　｜豆乳 —— 30g
　｜ココナッツオイル（溶かしたもの）—— 30g
　｜インスタントコーヒー —— 小さじ1
　｜塩 —— 少々

Part 5：クッキーⅡ

夏は冷蔵庫で少し冷やすと、クリーム状になって乳化しやすくなります！

1

2

3

4

時々かき混ぜることが大切です

5

6

ゆっくりしていると、アーモンドが固まってしまうので注意！

1. ボウルにBを入れて混ぜ、てんさい糖を溶かし、ココナッツオイルを加えて乳化させる。

2. Aを加え、粉気がなくなるまでヘラでよく混ぜる。ラップに包んで四角くまとめ、冷蔵庫で10〜30分ほど冷やす。

3. オーブンシートにのせてラップをし、めん棒で4mm厚さにのばす。全体にフォークで穴を開ける。160℃に温めたオーブンで10分焼く。網の上にのせ、冷ます。

4. 小鍋にCを入れて中火にかけ、沸騰したら4〜5分、泡が大きくなってとろみがつくまで煮詰める。

5. 火を止め、スライスアーモンドを一度に加えて混ぜる。

6. 5を3にすばやくのせ、スプーンで広げる。160℃に温めたオーブンで25分〜こんがりするまで焼く。網の上にのせて粗熱を取り、完全に冷める前に切る。冷蔵庫で冷やすとおいしい。

重厚でしっとりした
きめ細かな生地

パウンドケーキ

甘酒の強いとろみでふっくら&しっとり。
オーブンから出しても焼き縮みしない、
繰り返し作りたい米粉パウンドケーキです。
具材は好みでアレンジしてみてください。

調理時間 40分
難易度 ★☆☆

材料（18cmのパウンド型1台分）
米粉 —— 80g
アーモンドプードル —— 25g
A｜コーンスターチ（またはくず粉）—— 20g
　｜ベーキングパウダー —— 小さじ1（4g）
　｜重曹 —— 小さじ1/2（2g）

B｜甘酒（濃縮タイプ）—— 70g
　｜豆乳 —— 50g
　｜レモン汁 —— 20g
　｜てんさい糖 —— 10g
　｜塩 —— ひとつまみ
　｜なたね油（または太白ごま油）—— 50g

ラムレーズン —— 50g
（なくてもよい）
［シロップ］
はちみつ（またはメープルシロップ）
　—— 大さじ1
ラム酒（または水）—— 小さじ1

Part 6：パウンドケーキ

水分が少ないため固い生地ですが、泡立て器でぐるぐるとしっかり混ぜること。

1　パウンド型にオーブンシートをしく。

2　小さな容器にAを入れ、混ぜておく。

3　ボウルにBを入れ、泡立て器でよく混ぜ、乳化させる。

4　米粉とアーモンドプードルを加え、つやが出てなめらかになるまでしっかり混ぜ、2も加えて、すばやくよく混ぜる。ラムレーズンを加える（なくてもよい）。

5　すばやく型に流し込み、180℃に温めたオーブンで10分、160℃に下げて20分焼く。

6　シロップの材料を合わせ、ケーキが熱いうちに刷毛でぬる。

甘ずっぱさが口のなかに広がる

レモンケーキ

パウンドケーキ生地のアレンジです。
仕上げのアイシングは熱に弱いため冬に、シロップは夏にぴったりです。
好みのほうを選んで作ってください。

調理時間 40分
難易度 ★★☆

材料（レモン型6〜8個分）
パウンドケーキ生地（P56）——全量
レモンの皮（すりおろし）——1/2個分

［レモンアイシング・冬用］
A｜てんさい糖——25g
　｜豆乳ヨーグルト（水きりしたもの）——10g
　｜レモン汁——10g
　｜レモンエキストラクト——小さじ1/3
　｜（またはレモンオイル数滴）
ココナッツオイル（溶かしたもの）——50g

［レモンシロップ・夏用］
レモン汁——10g
はちみつ——30g

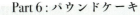

1 レモン型（または好みの型）にオイル（分量外）を薄くぬり、米粉（分量外）をふる。パウンドケーキ生地を作る。ラムレーズンの代わりに、レモンの皮を入れ、型に流し込む。

2 160℃に温めたオーブンで20〜22分焼く。すぐに型から外して網の上にのせて冷ます。

> 生地は型の8分目まででも、みるみるふくらみます。

3 ［レモンアイシング］を作る。ボウルにAを入れてよく混ぜ、てんさい糖を溶かし、ココナッツオイルを加えてよく混ぜる。冷蔵庫で冷やし、固まりかけたらよく混ぜ、白く濁った状態にする。

4 完全に冷めたレモンケーキにアイシングをスプーンでかけ、冷やし固める。［レモンシロップ］をぬる場合は、シロップの材料を合わせて、ケーキが熱いうちにぬる（写真右のふくろう）。

材料の準備
完成→P63

米粉
コーンスターチ
豆乳ヨーグルト
てんさい糖
アーモンドプードル
ココナッツオイル
はちみつ
ベーキングパウダー
重曹
ココアパウダー
塩

濃厚チョコケーキ

どっしりとしたチョコ生地の、ガトーショコラ風のとびきりおやつ。型がなくても、オーブンシートを折って作ってしまえばかんたん。すべてのケーキに応用できます。

調理時間 ★50分
難易度 ★☆

材料（15×15cmのシート型1台分）
米粉 — 60g
アーモンドプードル — 40g
ココアパウダー — 20g
A｜コーンスターチ — 40g
　｜ベーキングパウダー — 小さじ1（4g）
　｜重曹 — 小さじ1/2（2g）
B｜豆乳ヨーグルト — 180g
　｜てんさい糖 — 65g
　｜はちみつ — 大さじ1
　｜塩 — ふたつまみ
ココナッツオイル（溶かしたもの）— 60g

Part 6：パウンドケーキ

1 オーブンシートは、長方形になるように切る（縦36×横30cmだが、適当でよい）。

2 四つ折りにする。

3 角を広げ、三角形のように折る。反対側も同様に折る。

4 両端を合わせて向きを変えてから、中心に向かって半分に折る。反対側も同様に折る。

5 下の辺を2回折り返す。反対側も同様に折る。

6 折り返した部分を開いて、型にする。シート型の完成。

7　小さな容器にAを入れ、混ぜておく。

8　別のボウルにBを入れて混ぜ、てんさい糖を溶かし、ココナッツオイルを加えて乳化させる。

9　ココアパウダー、アーモンドプードル、米粉の順に加え、つやが出てなめらかになるまでしっかり混ぜ、7も加えて、すばやくよく混ぜる。

10　6の型に流し込む。

11　170℃に温めたオーブンで30分焼き、網の上にのせて冷ます。

12　チョコレートアイシングか、ラムシロップをかけるとさらにおいしい。

Part 6：パウンドケーキ

どっしりずっしり、おやつの王様

おやつ作りのヒント

○「チョコレートアイシング」
てんさい糖、豆乳各30gをよく混ぜ、弱火にかけて、泡立て器で混ぜながら沸騰させ、火を止める。ココアパウダー15g、ココナッツオイル50gを加え、よく混ぜて再び弱火にかけ、泡立て器で混ぜる。ねっとりしてつやが出てきたら完成。粗熱を取り、冷めたケーキにかける。
少し溶けやすいですが、チョコバタークリーム（P24）でもおいしいです。

○「ラムシロップ」
メープルシロップ大さじ2、ラム酒小さじ2をよく混ぜ、ケーキが熱いうちに刷毛でぬる。

○オーブンシート型でかんたん
オーブンシートを折って作る型なら、専用の型を買わなくてもすぐに準備できます。さらに、低めの温度でも火の通りが早く、米粉でもふわふわのケーキができます。洗い物も減りますね。

サクサクしっとり2倍のおいしさ

ラズベリー
クランブルケーキ

甘酸っぱいラズベリーがちりばめられた生地に、サクサク食感のクランブル。
ヨーグルトがなければ、パウンドケーキ（P56）の生地でも作れます。

調理時間　60分
難易度　★★☆

材料（15×15cmのシート型1台分）

米粉 —— 80g
アーモンドプードル —— 25g
A　コーンスターチ（またはくず粉）—— 20g
　　ベーキングパウダー —— 小さじ1（4g）
　　重曹 —— 小さじ1/2（2g）

B　豆乳ヨーグルト（水きりしたもの）—— 140g
　　てんさい糖 —— 50g
　　塩 —— ひとつまみ
なたね油（または太白ごま油）—— 45g
ラズベリー —— 100g

［クランブル］
米粉 —— 20g
アーモンドプードル —— 20g
てんさい糖 —— 20g
塩 —— 少々
ココナッツオイル（溶かしたもの）—— 20g

Part 6：パウンドケーキ

水分が少ないため固い生地ですが、泡立て器でぐるぐるとしっかり混ぜること。

1　[クランブル]の材料をボウルに入れ、ヘラで粉っぽさがなくなるまでよく混ぜる。

2　小さな器にAを入れ、よく混ぜておく。

3　ボウルにBを入れて混ぜ、てんさい糖が溶けたら油を加えて乳化させる。

4　3に米粉とアーモンドプードルを入れ、泡立て器でよく混ぜ、なめらかになったら2も加え、すばやく混ぜる。

5　シート型（P61）に流し込み、上にラズベリー（いちごやブルーベリーでもおいしい）をのせてクランブルを散らし、170℃に温めたオーブンで30分～こんがりするまで焼く。

ラズベリーが冷凍の場合は、180℃10分→170℃20分～。

コーヒーの香りがあとをひく
ほろ苦大人スイーツ

コーヒーケーキ

パウンドケーキ生地に、コーヒーシロップを染み込ませ、
コーヒーバタークリームをたっぷり。
すてきなティータイムのお供に。

調理時間 45分
難易度 ★★☆

材料（15×15cmのシート型1台分）

パウンドケーキ生地（P56）── 全量
[コーヒーシロップ]
A ｜ インスタントコーヒー ── 小さじ2
　｜ 熱湯 ── 大さじ2
メープルシロップ（またははちみつ）
　── 大さじ2

[コーヒーバタークリーム]
B ｜ てんさい糖 ── 30g
　｜ インスタントコーヒー
　│ 　── 大さじ1と2/3（5g）
　｜ 塩 ── 少々
　｜ 豆乳 ── 20g

ピーナッツバター
　── 5g（なくてもよい）
ココナッツオイル ── 50g
（溶かしたもの・またはオーガニックショートニング）
スライスアーモンド（ロースト）── 適量

Part 6：パウンドケーキ

1 2
3 4

[バタークリーム]の
詳しい作り方はP24へ。

1　シート型（P61）にパウンドケーキ生地を流し込み、
170℃に温めたオーブンで25分焼く。
［コーヒーシロップ］のAをよく混ぜ、
メープルシロップを加えて冷やす。

2　焼き上がったケーキに、竹串で穴を開ける。

3　ケーキが熱いうちに［コーヒーシロップ］を
回しかけ、ラップを貼りつけて冷ます。

4　［コーヒーバタークリーム］を作る。
ボウルにBを入れてコーヒーとてんさい糖を
よく溶かし、ココナッツオイルを加えて混ぜ、
クリーム状にする。冷めたケーキにのせ、
スライスアーモンドを散らす。

コーンミールのプチプチがアクセント

キャロットケーキ

にんじんをたっぷり入れる、ホームメイドケーキの定番。
シナモンのスパイシーな香りがおいしさを引き立てます。
ヨーグルト味のアイシングが抜群に合います！

調理時間 60分
難易度 ★★☆

材料（18cmのパウンド型1台分）

A
- 米粉 —— 75g
- コーンミール（またはコーンスターチ）—— 50g
- ベーキングパウダー —— 小さじ1（4g）
- 重曹 —— 小さじ1/2（2g）
- シナモンパウダー —— 小さじ1/2

B
- 豆乳ヨーグルト（水きりしたもの）—— 50g
- てんさい糖 —— 50g
- 塩 —— ひとつまみ
- なたね油（または太白ごま油）—— 50g
- にんじん（すりおろし）—— 100g
- レーズン、くるみ（ロースト）—— 各30g

[ヨーグルトアイシング]
- 豆乳ヨーグルト（水きりしたもの）—— 60g
- てんさい糖 —— 20g
- 塩 —— ひとつまみ
- ココナッツオイル（溶かしたもの）—— 30g

Part 6：パウンドケーキ

1 ボウルにAを入れ、泡立て器で混ぜておく。

2 別の大きめのボウルにBを入れて混ぜ、てんさい糖が溶けたら油を加えて乳化させ、にんじんを加えて混ぜる。

3 1を加えてすばやくよく混ぜ、くるみとレーズンも加え、さっと混ぜる。

4 オーブンシートをしいたパウンド型に流し込み、170℃に温めたオーブンで35分焼き、型から出して網の上にのせて冷ます。

5 ［ヨーグルトアイシング］を作る。ヨーグルト、てんさい糖、塩を混ぜ、てんさい糖を溶かし、ココナッツオイルを加えてよく混ぜる。

6 冷蔵庫で冷やし、固まりかけたらよく混ぜる。乳化してふんわりとしたら完成。粗熱が取れた4にぬる。

作り方も味もシンプルな、いつまでも食べていたい味

アイスボックス
クッキー

ホロッ、ザクッ。
食感にとことんこだわったプレーン味です。
ラップにくるんで前の晩に冷蔵庫に入れておけば、
次の日すぐに焼きたてを味わえます。

調理時間 30分
難易度 ★☆☆

材料（直径3cm 1本分）

A
- 米粉 —— 50g
- コーンスターチ（またはくず粉）—— 25g
- アーモンドプードル —— 25g

B
- てんさい糖 —— 30g
- 豆乳 —— 15g
- 塩 —— ひとつまみ
- ココナッツオイル（溶かしたもの）—— 40g

厚さは自由なので、焼き加減に気をつけて。

1 ボウルにBを入れて混ぜ、
てんさい糖を溶かす。
ココナッツオイルを加えて乳化させる。

> 夏の暑い日など、乳化しないときは冷蔵庫で冷やすこと。

2 Aを加え、
ボロボロのフレーク状になるまで
ヘラでよく混ぜる。

3 手でひとまとめにし、
丸棒状にしてラップでくるみ、
冷蔵庫で30分以上、
しっかり固まるまで冷やし固める。

4 好みの厚さに切って天板にのせ、
160℃に温めたオーブンで10分、
150℃に下げて10分〜サクッとするまで焼く。
網の上にのせて、冷ます。

ザクッとした歯ごたえがたまらない

ビターチョコ クッキー

好みの型で焼ける基本のクッキー。
クッキーサンドのほか、
細かく砕いてアイスやヨーグルトにかけたり、
チーズケーキのタルト台（P78）にしたりと、
おいしい食べ方もいっぱいです。

調理時間 25分
難易度 ★★☆

材料（20枚分）

A| 米粉──50g
 | 片栗粉（またはコーンスターチ）──25g
 | 重曹──ふたつまみ（1g）
ココアパウダー──25g

B| てんさい糖──35g
 | 豆乳ヨーグルト（水きりしたもの）──40g
 | 塩──ひとつまみ
ココナッツオイル（溶かしたもの）──40g

＊P72は製菓用ブラックココアパウダー、P73は普通のココアパウダーを使用しています。

Part 7：クッキーIII

夏の暑い日など、乳化しないときは冷蔵庫で少し冷やすこと。

1 2
3 4

冷やしすぎると、カチカチになってのばしにくくなるので注意。

ココナッツサブレ（P52）のように、包丁で切るだけでもかんたん。

1 ボウルにBを入れて混ぜ、てんさい糖が溶けたら、ココナッツオイルを加えて一気に混ぜ、乳化させる。

2 ココアパウダーを入れてよく混ぜ、Aを加えてヘラでよく混ぜる。

3 ひとまとめにし、ラップで包んで冷蔵庫で10～30分ほど冷やす。

4 生地をめん棒でのばし、2～3mm厚さにする。好みの型で抜き、楊枝でドット模様をつけ、オーブンシートをしいた天板にのせる。160℃に温めたオーブンで10分、150℃に下げて10分～サクッとするまで焼く。網の上にのせて、冷ます。

クッキーにはさめば、夢のようなサンドに！

おいしい食べ方

バニラクリーム

なめらかで口どけのよい、シンプルなクリーム。
卵、バター、乳製品は使わずに作れてしまいます。
クッキーにはさむほか、マフィンやシートケーキにのせても。

調理時間 15分
難易度 ★☆☆

材料（作りやすい分量）
ココナッツオイル（溶かしたもの・またはオーガニックショートニング）——60g

A | てんさい糖——30g
  | 豆乳——小さじ2
  | バニラエキストラクト——小さじ1/2（またはバニラオイル数滴）
  | 塩——少々

Part 7：クッキーⅢ

1　ボウルにAを入れて混ぜ、少し置いた後、もう一度よく混ぜて、てんさい糖を溶かす。

2　ココナッツオイルを加え、泡立て器でよく混ぜる。

> オーガニックショートニングの場合は、室温でポマード状にやわらかくして、ここでしっかり乳化させましょう。

3　（ココナッツオイルの場合は）冷蔵庫で冷やし、固まりかけたらよく混ぜ、乳化させる。ふんわりとなめらかなクリーム状になれば完成。

4　ビターチョコクッキー（P72）にはさんでよく冷やす（冷蔵庫で保存すること）。

卵・乳製品ナシ！
とろ〜りおいしい
お菓子の名脇役

おいしい
食べ方

カスタードクリーム

☞ビターチョコクッキー(P72)とグラスに重ねて…

米粉ベースの、夢のようなカスタードです。
ぷるぷるとおいしそうな質感が目標。
クッキーやジャムと重ねれば、
すてきなデザートがすぐ作れます。

調理時間 — 10分
難易度 — ★☆☆

材料（作りやすい分量）

A │ 米粉 — 15g
　│ 好みの植物油 — 25g
てんさい糖 — 30〜35g
塩 — ひとつまみ
豆乳 — 250g
バニラエキストラクト — 小さじ2
　（またはバニラビーンズ1/2本）

＊バニラエキストラクト以外にも、
ラム酒に代えてもおいしい。

Part 7：クッキーⅢ

バニラビーンズを使う場合は、てんさい糖と一緒に入れましょう。

1　鍋にAを入れ、木ベラでなめらかになるまでよく混ぜる。

ココナッツオイルを使う場合は溶かしてから入れましょう。

2　てんさい糖と塩を加え、粉っぽさがなくなり、固まってくるまでよく混ぜる。

この順番で混ぜると、ダマになりにくいです。

3　豆乳を加えて混ぜ、中火にかけて沸騰したら弱火にし、絶えず混ぜながら、フツフツしている状態で3分加熱する。火を止めてバニラエキストラクトを加える。保存容器に入れ、ラップを貼りつけ、粗熱を取って冷蔵庫で冷やす。

4　好みのクッキーと一緒に重ねて冷やすと、クッキーがしっとりとケーキのようになっておいしい。好みのジャムものせて。

材料の準備	
完成→P81	

豆乳
豆乳ヨーグルト
白みそ
ココナッツオイル
粉寒天
コーンスターチ
レモン汁
はちみつ
てんさい糖
ビターチョコクッキー
ココナッツオイル
レモンの皮

おいしい食べ方

レアチーズケーキ

乳製品、小麦粉を使わずに作れる、
目からウロコの秘密レシピ。
濃厚でクリーミーなフィリングは、至福の味です。
クッキーが余ったら、挑戦してみてはいかがですか？

調理時間 30分
難易度 ★★☆

材料（直径20cmの皿1台分）

[フィリング]
A｜豆乳ヨーグルト（水きりしたもの）——150g
　｜レモン汁——12g（小さじ2と1/2）
　｜はちみつ（またはアガベシロップ）——30g
　｜白みそ——30g
　ココナッツオイル——50g

B｜豆乳——200g
　｜コーンスターチ——15g
　｜てんさい糖——35g
　｜粉寒天——小さじ2（4g）
　レモンの皮（すりおろし）
　——1/2個分

[クッキー台]
ビターチョコクッキー——150g
（または好みの米粉クッキー）
ココナッツオイル（溶かしたもの）——35g

Part 7：クッキーⅢ

1　[クッキー台]を作る。
ポリ袋にクッキーを入れ、
めん棒で叩いて細かくする。

2　ボウルに移し、
ココナッツオイルを加えて混ぜる。

3　皿にしき詰め、冷蔵庫で冷やし固める。
　　ギュッと押し当てながらしき詰めて！

4　[フィリング]を作る。Aを小鍋に入れ、
泡立て器で混ぜてなめらかにし、
弱火にかけてフツフツするまで温める。
火を止めてココナッツオイルを加えて
よく混ぜ、乳化させる。

5 別の鍋にBを入れ、木ベラでよく混ぜてから中火にかけ、沸騰したら弱火にし、焦げないように混ぜながら3分加熱する。

6 熱いうちに5に4を少しずつ加えて乳化させ、なめらかにする。レモンの皮も加える。

7 3の型に流し込み、粗熱を取って、冷蔵庫で冷やし固める。

8 季節のフルーツをのせてもおいしい。

Part 7：クッキーⅢ

驚きを隠せない、最高のハーモニー

おやつ作りのヒント

○ **かんたんアレンジ１**
［クッキー台］を作らずに、4～7の手順で［フィリング］のみ作って、適当な容器に流して冷やし固めます。好みの大きさに切って、コーンフレークにのせるだけ。

○ **クッキーの用意**
好みのクッキーで作れます。粉々にするので、クッキーを型で抜いたあとの生地をそのまま焼くだけでOK。

○ **かんたんアレンジ２**
［クッキー台］を作らずに、4～7の手順で［フィリング］のみ作って、好みのグラスなどに流して冷やし固めます。この場合は、粉寒天を小さじ1 (2g) にするとおいしい。

自慢したくなるきれいな3層

おいしい食べ方

ブルーベリー
チーズケーキ

ブルーベリー、チーズ（風）フィリング、ザクザクのクッキー台が層になって美しい、お店のような仕上がりの本格派。つるんとした舌触りがさわやかで、さっぱりいただけます。

調理時間 ★ 40分
難易度 ★★★

材料（15cmのセルクル型1台分）

レアチーズケーキのフィリング（P78）―― 全量

[クッキー台]
アイスボックスクッキー ―― 150g
（P70・または好みの米粉クッキー）
ココナッツオイル（溶かしたもの）―― 35g
シナモンパウダー ―― 小さじ1/2

A｜ブルーベリージャム ―― 150g
　｜水 ―― 大さじ1
　｜粉寒天 ―― 小さじ1/2（1g）

ブルーベリー ―― 適量（なくてもよい）

Part 7：クッキーIII

1　2
3　4

1　［クッキー台］を作る。ポリ袋にクッキーを入れ、
　　めん棒で叩いて細かくする。
　　ボウルに移し、ココナッツオイルと
　　シナモンパウダーを加えて混ぜる。

3　［フィリング］を作る。
　　レアチーズケーキ（P78）と同様に作り、
　　2に流し込み、粗熱を取って
　　冷蔵庫で冷やし固める。

2　平らな台にオーブンシートをしいて
　　セルクル型を置き、
　　1をギュッとしき詰め、
　　冷蔵庫で冷やし固める。

4　小鍋にAを入れて弱火にかけ、フツフツしてから
　　1～2分し、泡が大きくなってきたら火を止める。
　　粗熱を取って、ほんのり温かいうちに3に流し込
　　み、あればブルーベリーをのせて冷蔵庫で冷や
　　し固める。

ラズベリー蒸しパン

もちふわ食感の蒸しパンは、
みんなに愛されるかんたんおやつ。
口あたりも軽く、いくつもほおばりたくなります。
ラズベリーと紫いもで、鮮やかなピンクを出しましょう。

調理時間 — 25分
難易度 — ★☆☆

材料（4個分）

米粉 —— 100g
紫いもパウダー —— 小さじ1
ベーキングパウダー —— 小さじ1強(5g)
ラズベリー —— 60g

A ｜ 豆乳ヨーグルト —— 60g
　 ｜ てんさい糖 —— 35g
　 ｜ 塩 —— ひとつまみ

なたね油（または太白ごま油） —— 20g

Part 8：蒸しパン

1　ボウルにラズベリーを入れ、泡立て器でつぶす。

2　Aを加える。

3　てんさい糖が溶けたら油を加え、乳化するまでよく混ぜる。

4　米粉と紫いもパウダーを入れる。

5 　その上にベーキングパウダーをのせる。

6 　泡立て器で、
　　なめらかになってつやが出るまで、
　　しっかり混ぜる。

7 　すばやくシリコンカップに入れる。
　　プリンカップなど、蒸し器に入る容器なら、何でもOK。

8 　蒸気の立った蒸し器に入れ、強火で12分蒸す。
　　竹串を刺して、生地がつかなければ完成。

Part 8：蒸しパン

生地が割れるほどふくらんだら大成功！

おやつ作りのヒント

◯ ラズベリーがないときは？
ラズベリーの代わりに、いちごで作ってもおいしい。

◯ 蒸し器がないときは？
ふた付きのフライパンか鍋に、2cmくらいの湯を沸かし、生地の入ったカップ（紙製はNG）を入れ、ふたをして同様に蒸しましょう。水滴が落ちないように、ふたと鍋の間に、固く絞ったふきんをはさむとよいでしょう。

◯ 紫芋パウダーがないときは？
色は地味になりますが、なくても十分おいしく作れます。

◯ 蒸して時間が経ったら？
冷めて固くなった蒸しパンは、蒸し直せば、蒸したてと変わらないほどふわふわになります。蒸しパンだけでなく、スポンジケーキや、マフィンを蒸し直してもおいしい。

かぼちゃの自然な甘さじんわり

かぼちゃ蒸しパン

冷蔵庫にかぼちゃが少し残っていたら、ぜひ作っていただきたい一品。少ない材料で作れ、小腹を満たすちょっとしたおやつに。

調理時間 ― 25分
難易度 ― ★☆☆

材料（4個分）
米粉 ― 100g
ベーキングパウダー ― 小さじ1強（5g）
かぼちゃ（蒸したもの）― 50g
てんさい糖 ― 30g
塩 ― ひとつまみ
豆乳（または水）― 80g
なたね油（または太白ごま油）― 20g

Part 8：蒸しパン

1 2
3 4

1 ボウルにかぼちゃを入れ、泡立て器でつぶす。

2 てんさい糖と塩を入れて、
なめらかになるまでしっかり混ぜる。
豆乳と油も加え、乳化するまでよく混ぜる。

3 米粉を加え、
米粉の上にベーキングパウダーをのせ、
泡立て器で、なめらかになって
つやが出るまで、しっかり混ぜる。

4 シリコンカップに入れる。
蒸気の立った蒸し器に入れ、
強火で14分蒸す。
竹串を刺して、生地がつかなければ完成。

ラズベリー蒸しパン(P84)のアレンジ①
酒かす蒸しパン

口に運ぶごとに、酒かすの香りが口にふわっと広がります。
中にあんこを入れてもおいしい。

材料(4個分)
米粉 —— 100g
ベーキングパウダー —— 小さじ1 (4g)
A ┃ 豆乳(または水) —— 100g
　┃ 酒かす —— 10g
　┃ てんさい糖 —— 35g
　┃ なたね油(または太白ごま油) —— 20g
　┃ 塩 —— ひとつまみ

1　ボウルにAを入れ、泡立て器で乳化するまでよく混ぜる。
　　　酒かす、油が浮かなくなるまで、しっかりと!
2　1に米粉を入れ、その上にベーキングパウダーをのせ、
　　なめらかになってつやが出るまで混ぜる。
3　シリコンカップに2を流し入れる。
4　蒸気の立った蒸し器に入れ、強火で12分蒸す。
　　竹串を刺して、生地がつかなければ完成。

調理時間　★　25分
難易度　☆☆

Part 8：蒸しパン

ラズベリー蒸しパン(P84)のアレンジ②

黒ごま蒸しパン

ねりごまの粘りを利用するため、油は使わずにふわふわ。
もちろん、白ねりごまでもおいしく作れます。

材料(4個分)
米粉 — 100g
ベーキングパウダー — 小さじ1(4g)
A ┃ 豆乳(または水) — 100g
　 ┃ 黒ねりごま — 30g
　 ┃ てんさい糖 — 35g
　 ┃ 塩 — ひとつまみ

1　ボウルにAを入れ、泡立て器で乳化するまでよく混ぜる。
2　1に米粉を入れ、その上にベーキングパウダーをのせ、
　　なめらかになってつやが出るまで混ぜる。
3　シリコンカップに2を流し入れる。
4　蒸気の立った蒸し器に入れ、強火で12分蒸す。
　　竹串を刺して、生地がつかなければ完成。

調理時間 25分
難易度 ★☆☆

はちみつの保水力で一番ふわふわな蒸しパン

はちみつレモン蒸しパン

さっぱりしたレモンの香りが生き、
きめ細かな生地のおいしさを味わえます。
ボウルひとつでできる、
失敗なしのレシピです。

調理時間 25分
難易度 ★☆☆

材料（4個分）
米粉 —— 90g
コーンミール（ふるったもの）—— 10g
ベーキングパウダー —— 小さじ1（4g）

A｜豆乳（または水）—— 70g
　｜はちみつ —— 大さじ2（45g）
　｜なたね油（または太白ごま油）—— 20g
　｜塩 —— ひとつまみ
　｜レモンの皮（すりおろし）—— 1/2個分

レモン汁 —— 10g

＊コーンミールがなければ、片栗粉やコーンスターチに代えたり、米粉100gにして作ってもおいしい。

1 Aをボウルに入れ、乳化するまでよく混ぜる。

2 米粉、コーンミールを加え、その上に
ベーキングパウダーをのせ、泡立て器で、
なめらかになってつやが出るまで、
しっかり混ぜる。

3 レモン汁を加えてすばやく混ぜる。

4 混ぜたらすばやくシリコンカップに入れる。
蒸気の立った蒸し器に入れ、
強火で12分蒸す。竹串を刺して、
生地がつかなければ完成。

焼きっぱなし、だから変幻自在

シートケーキ

この本の色々なクリームをのせて楽しめる、
さっぱり軽い食べごこちのケーキ。
フルーツをきれいに並べれば、誕生日やお祝いにも喜ばれます。

調理時間 45分
難易度 ★★☆

材料（24cmのロールケーキ型1台分）
米粉 —— 80g
アーモンドプードル —— 25g
A │ コーンスターチ（またはくず粉）
  │   —— 20g
  │ ベーキングパウダー —— 小さじ1（4g）
  │ 重曹 小さじ1/2（2g）

B │ 豆乳ヨーグルト（水きりしたもの）—— 150g
  │ てんさい糖 —— 50g
  │ 塩 —— ひとつまみ
好みの植物油 —— 45g

＊その日のうちに食べない場合は、焼き上がったケーキをポリ袋に入れて冷凍する。

Part 9：シートケーキ

1 小さな容器にAを入れ、混ぜておく。

2 別のボウルにBを入れてよく混ぜ、てんさい糖を溶かし油を乳化させる。

3 米粉とアーモンドプードルを加え、よく混ぜる。つやが出てなめらかになったら1を加えて、すばやくよく混ぜる。

4 型に流し入れる。

5 スケッパーでのばし、数回、叩きつけて表面を平らにする。170℃に温めたオーブンで20〜25分、きつね色になるまで焼く。

6 まだ温かいうちにラップを貼りつけ、冷ます。カスタードクリーム（P76）をのばし、ラズベリーをのせるとおいしい。

ほろ苦い抹茶生地に
たっぷりのあんこ

抹茶の
シートケーキ

和菓子に欠かせない抹茶とあんこを、
洋風のケーキでアレンジ。
カステラサンドイッチの「シベリア」のように、
何だかなつかしいおいしさです。

調理時間 —— 30分
難易度 —— ★★☆

材料（24cmのロールケーキ型1台分）

米粉 —— 90g
抹茶 —— 10g
A│ きなこ —— 25g
　│ ベーキングパウダー —— 小さじ1（4g）
　│ 重曹 —— 小さじ1/2（2g）

B│ 豆乳ヨーグルト（水きりしたもの）—— 150g
　│ てんさい糖 —— 50g
　│ 塩 —— ひとつまみ

好みの植物油 —— 45g
あずきあん —— 適量

Part 9：シートケーキ

ココナッツオイルを使う場合は、溶かしたものを一気に入れ、すばやく混ぜること。

1 小さな容器にAを入れ、混ぜておく。別のボウルにBを入れてよく混ぜ、てんさい糖を溶かし油を加えて乳化させ、抹茶、米粉の順に加え、よく混ぜる。つやが出てなめらかになったらAも加えて、すばやくよく混ぜる。

2 型に流し入れてスケッパーでのばし、数回、叩きつけて表面を平らにする。160℃に温めたオーブンで20〜25分焼く。まだ温かいうちにラップを貼りつけ、冷ます。

3 ケーキを半分に切り、片方にあずきあんをのせる。

4 もう片方のケーキをのせてはさむ。ラップで包んでしばらくなじませてから、食べやすく切る。

外はカリッと、中はふんわりおいしい

ホットビスケット

朝食に焼きたてを頬張れば、幸せなスタートを約束するホットビスケット！熱々を割ればふわっと湯気が立ち込めます。ヨーグルトはよく冷やしたものを使いましょう。

調理時間 25分
難易度 ★☆☆

材料（4個分）
米粉 — 75g
片栗粉（またはコーンスターチ） — 25g
ベーキングパウダー — 小さじ1（4g）
重曹 — ふたつまみ（1g）

A｜豆乳ヨーグルト — 70g
　｜てんさい糖 — 20g
　｜塩 — ふたつまみ

ココナッツオイル（溶かしたもの） — 25g
レーズン — 30g

Part 10：朝食おやつ

1 2
3 4

1 ボウルにAを入れてヘラで混ぜ、ココナッツオイルを加えてよく混ぜて乳化させる（夏は少し冷やす）。
ヨーグルトはよく冷えたものを使うこと。

2 1に片栗粉を加えてよく混ぜる。なめらかになったら、米粉を入れ、その上にベーキングパウダー、重曹をのせ、すばやくよく混ぜる。

3 レーズンも加えてさっと混ぜ、ヘラでひとまとめにする。

4 すばやく4等分にしてオーブンシートをしいた天板にのせ、軽く形をととのえ、180℃に温めたオーブンで15分焼く。

ホットビスケット(P98)のアレンジ①
チョコとナッツのホットビスケット

ナッツの香ばしさがたまらない、チョコ味おやつ。
カリカリふわふわの食感のコントラストを味わってください。
ナッツは何でもよく、マカダミアナッツ、アーモンドなども美味。

材料(4個分)
米粉 — 75g
ココアパウダー — 10g
片栗粉 — 15g
ベーキングパウダー — 小さじ1 (4g)
重曹 — ふたつまみ (1g)
A │ 豆乳ヨーグルト — 70g
　│ てんさい糖 — 25g
　│ 塩 — ひとつまみ
ココナッツオイル(溶かしたもの)
　— 25g
カシューナッツ(砕く) — 30g

1　ボウルにAを入れてヘラで混ぜ、
　　ココナッツオイルを加えてよく混ぜて乳化させる。
2　1にココアパウダーを加えてよく混ぜる。なめらかになったら、
　　米粉、片栗粉を入れ、その上にベーキングパウダー、
　　重曹をのせ、すばやくよく混ぜる。
3　カシューナッツも加えてさっと混ぜ、ヘラでひとまとめにし、
　　すばやく4等分にしてオーブンシートをしいた天板にのせ、
　　軽く形をととのえ、180℃に温めたオーブンで15分焼く。

調理時間 25分
難易度 ★☆☆

Part 10：朝食おやつ

ホットビスケット(P98)のアレンジ②
コーンミールのホットビスケット

きめの粗いコーンミールをあえて入れることで、
プチプチとした食感が魅力に。
メープルシロップとの最強ハーモニーが、歓喜するおいしさです。

材料（4個分）
- 米粉 —— 75g
- コーンミール —— 25g
- ベーキングパウダー —— 小さじ1（4g）
- 重曹 —— ふたつまみ（1g）
- A
  - 豆乳ヨーグルト —— 75g
  - てんさい糖 —— 20g
  - 塩 —— ふたつまみ
- ココナッツオイル（溶かしたもの）
  —— 25g

1 ボウルにAを入れてヘラで混ぜ、ココナッツオイルを加えてよく混ぜて乳化させる。

2 1にコーンミールを加えてよく混ぜる。なめらかになったら、米粉を入れ、その上にベーキングパウダー、重曹をのせ、すばやくよく混ぜ、ヘラでひとまとめにする。

3 ヘラですばやく4等分にしてオーブンシートをしいた天板にのせ、軽く形をととのえ、180〜190℃に温めたオーブンで15分焼く。

調理時間 25分
難易度 ★☆☆

小麦粉を使わないのにふわっとした自信作

ふわふわパンケーキ

ドロッとした甘酒の特性を生かし、ふわふわに焼けるとっておきレシピです。プレーンな味に仕上がるので、フルーツやシロップを添えて、特別な朝食の主役にしてみてください。

調理時間 20分
難易度 ★☆☆

材料（直径10cm×4枚分）
A｜米粉 ── 80g
　｜片栗粉 ── 20g
　｜（またはコーンスターチかくず粉）
　｜ベーキングパウダー
　｜　── 小さじ1（4g）

豆乳 ── 100g
甘酒（濃縮タイプ）── 50g
好みの植物油 ── 大さじ1
塩 ── ひとつまみ

＊甘酒がない場合は、「豆乳100g＋甘酒50g」を→「豆乳120g＋はちみつ20g」に変えて作る（甘酒ほどはふくらまない）。

Part 10：朝食おやつ

豆乳や甘酒はよく冷やしておくとよい。

1 ボウルにAを入れて混ぜ、真ん中に穴をあけ、甘酒、塩、豆乳、油の順に入れる。

2 内側からぐるぐる混ぜていく。

3 なめらかになり、つやが出るまでよく混ぜる。

ココナッツオイルを使う場合は溶かしたものをここで入れる。

4 ラップして、冷蔵庫で20分寝かせる。

生地がなじんで、きれいに焼けます。

5 フライパンを温め、火を止めて油（分量外）をひき、生地を流し込んで弱めの中火にかける。泡がフツフツと出ては消えるが、いくつか残るようになったら返す。

6 返してからも、ふわっとふくらんだら完成。

返すのが遅すぎると、ふくらまなくなってしまうので注意。

バナナのパンケーキ

バナナと目が合ったら、ぜひこれを作ってみては？
つぶしたバナナを生地に配合することで、
ふっくら弾力のある生地に。

材料（直径10cm×4枚分）
A ┃ 米粉 —— 80g
　┃ 片栗粉 —— 20g
　┃ ベーキングパウダー
　┃ 　—— 小さじ1 (4g)
バナナ（熟れすぎていないもの）—— 50g
B ┃ 豆乳 —— 100g
　┃ てんさい糖 —— 大さじ1
　┃ 塩 —— ひとつまみ
好みの植物油 —— 大さじ1

1　ボウルにバナナを入れてフォークでつぶし、
　　Bを加えてよく混ぜ、油を加えて乳化させる。
　　ココナッツオイルを使う場合は、溶かしたものを一気に入れ、すばやく混ぜること。

2　別の大きなボウルにAを入れて混ぜ、
　　真ん中に穴をあけて1を入れ、
　　内側からぐるぐるとなめらかになるまで混ぜる。

3　ラップをして冷蔵庫で20分寝かせ、
　　ふわふわパンケーキ（P102）と同様に焼く。

調理時間 —— 20分
難易度 —— ★☆☆

Part 10：朝食おやつ

ピーナツバターソース

どんなパンケーキにも合う、トロトロの甘いソース。
焼きたてにたっぷりかけ、砕いたピーナツも散らして。
クレープやホットビスケットにかけても、ばっちりおいしいです。

おいしい
食べ方

材料（作りやすい分量）
A｜ピーナツバター —— 60g
　｜豆乳 —— 45g
　｜てんさい糖
　｜（またはココナッツシュガー）—— 30g
　｜塩 —— ひとつまみ
ココナッツオイル（溶かしたもの）—— 20g

1　ボウルにAを入れて泡立て器でよく混ぜ、
　　てんさい糖とピーナッツバターを溶かす。
2　とろみがついて豆乳と一体化したら、
　　ココナッツオイルを加え、
　　泡立て器ですばやくよく混ぜ、しっかりと乳化させる。
　　とろりとクリーム状になったらでき上がり。

調理時間　10分
難易度　★☆☆

＊冷蔵庫で3日間保存可能。

しょっぱいものも、甘いクリームも、すべてを包み込む

クレープ
そば粉・コーンミール

カスタードクリームを包んだり、
ヨーグルトホイップなどでミルクレープにしてもおいしい。
しょっぱいものを巻いたら朝食にぴったりで、
大人も子どもも喜ぶこと間違いナシです。

調理時間 30分
難易度 ★☆☆

材料(直径20cm×4枚分)

[コーンミールクレープ]
A ｜ 米粉 ― 60g
　｜ コーンミール ― 50g
豆乳 ― 150g
てんさい糖 ― 大さじ1
塩 ― ふたつまみ

[そば粉クレープ]
A ｜ そば粉 ― 50g
　｜ 米粉 ― 50g
豆乳 ― 200g
てんさい糖 ― 大さじ1
塩 ― ふたつまみ

Part 10：朝食おやつ

1　2
3　4

焼くときは、生地が沈殿するので、そのつどかき混ぜること。

1　ボウルにAを入れ、真ん中に穴をくぼませ、豆乳、てんさい糖、塩を入れる。

2　内側からぐるぐると、なめらかになり、つやが出るまでよく混ぜる。

3　ラップをして、冷蔵庫でひと晩寝かせる。
　　生地がなじんで、きれいに焼けます。

4　フライパンを温め、火を止めて油（分量外）をひき、生地をお玉1杯くらい流し込んで全体に広げ、中火にかける。生地のまわりがチリチリとはがれてきたら返し、反対側も焼く。

　　コーンミールは中火、そば粉は強めの中火で焼きましょう。

白崎茶会おすすめの材料

粉類

膨張剤

水分

糖類

1.「北海道産片栗粉」(ムソー)
2.「米粉」(陰陽洞)
3.「有機コーンミール」(テングナチュラルフーズ／アリサン)
4.「無双本葛100%粉末」(ムソー)
5.「アーモンドプードル」(陰陽洞)
6.「コーンスターチ」(陰陽洞)

7.「オーガニックベーキングパウダー」(陰陽洞)
8.「ラムフォード ベーキングパウダー」
　　(テングナチュラルフーズ／アリサン)
9.「シリンゴル重曹」(木曽路物産)

10.「玄米あま酒」
11.「白米あま酒」(ともにマルクラ食品)
12.「ブルマンヨーグルト種菌」(青山食品サービス)
13.「有機豆乳 無調整」(マルサンアイ)
14.「ブリッジライスドリンク」(ミトク)
15.「マキシマス オーガニックココナッツミルク」(オーサワジャパン)

16.「アレガニ メープルシュガー」(ミトク)
17.「アガベシロップ」(テングナチュラルフーズ／アリサン)
18.「ミエリツィア イタリア産アカシアのハチミツ」(日仏貿易)
19.「ハニーココナッツ」(ディアンタマを支える会)
20.「北海道産 てんさい含蜜糖 粉末タイプ」(陰陽洞)
21.「アレガニ 有機メープルシロップ」(ミトク)

オイル

香料・塩

副材料

26.「オーガニックレモンエキストラクト」
27.「オーガニックオレンジエキストラクト」
28.「オーガニックバニラエキストラクト」
　　（すべてテングナチュラルフーズ／アリサン）
29.「イエラム サンタマリアゴールド」（伊江島物産センター）
30.「石垣の塩」（石垣の塩）
31.「シチリア島の天日塩」（陰陽洞）

22.「九鬼 太白純正胡麻油」（九鬼産業）
23.「ダーボン オーガニックトランスファットフリーショートニング」
　　（タナカバナナ）
24.「プレミアムココナッツオイル」（ココウェル）
25.「純正なたねサラダ油」（ムソー）

32.「シナモンパウダー」（エヌ・ハーベスト）
33.「有機石臼挽きそば粉」（桜井食品）
34.「ピーナッツバター クランチ」（テングナチュラルフーズ／アリサン）
35.「有機抹茶」（浜佐商店）
36.「国産有機きな粉和粉」（山清）
37.「カホクの国産すりごま 白」（鹿北製油）
38.「オーガニックブラックココア」（ムソー）
39.「オーガニックコーンフレーク プレーン」（ムソー）

[問い合わせ先]

青山食品サービス ☎0595-52-1369　http://www.aoyamafoods.co.jp/
石垣の塩 ☎0980-83-8711　http://www.ishigakinoshio.com/
伊江島物産センター ☎0980-49-5555　http://www.rakuten.co.jp/auc-ie-mono/
陰陽洞 ☎046-873-7137　http://in-yo-do.com/
エヌ・ハーベスト ☎03-5941-3986　http://www.nharvestorganic.com/
オーサワジャパン ☎03-6701-5900　http://www.ohsawa-japan.co.jp/
鹿北製油 ☎0995-74-1755　http://shop.kahokuseiyu.co.jp/
木曽路物産 ☎0573-26-1805　http://www.kisojibussan.co.jp/
九鬼産業 ☎059-350-8615　http://www.kuki-info.co.jp/
ココウェル ☎0120-01-5572　http://www.cocowell.jp/
桜井食品 ☎0120-668-637　http://www.sakuraifoods.com/
タナカバナナ ☎045-770-6003　http://www.tanakascika.co.jp/
ディアンタマを支える会 ☎042-555-9514　http://www.geocities.jp/yasizato/
テングナチュラルフーズ／アリサン ☎042-982-4811　http://www.alishan-organics.com/
日仏貿易　http://www.miclizia.jp/
浜佐商店 ☎0120-054-155　http://www.hamasashoten.com/
マルクラ食品 ☎086-429-1551　http://www.marukura-amazake.jp/
マルサンアイ ☎0120-92-2503　http://www.marusanai.co.jp/
ミトク ☎0120-744-441　http://www.31095.jp/
ムソー ☎06-6945-5800　http://muso.co.jp/
山清 ☎0120-512-238　http://shop.yamasci.jp/

おわりに

卵を泡立て、その泡を消さずに小麦粉を入れて焼く、なんてすごい方法、
いったい誰が考えたのだろう？ といつも思います。
スポンジケーキにバターケーキ、シュークリームにクッキー、パイ……。
どのお菓子もたくさんの人に愛され、ずっと作り続けられてきました。

けれども、今は、小麦粉が食べられない、卵が食べられない、
乳製品が食べられない……。
「食べられない」人が、本当にたくさん増えています。
その理由はさまざまですが、みんな苦しんでいるようにもみえます。
でも、食べられないものがあることは、
そんなに特別で、そんなに苦しいことでしょうか？

そもそも昔は、食べられないものだらけだったはずです。
私達の祖先は、生で食べられないものは加熱し、
アクが強ければ水にさらし、渋い柿は干して、
毒のある青梅は塩漬けに、山の中で毒きのこ食べられるきのこを選別し、
「食べられない」を「食べられる」にかえて、生きてきたのですから。

スポンジケーキにマドレーヌ。
これらを音楽にたとえるなら、はるか昔、遠い国の誰かが考えた名曲です。
名曲を楽しむことができないときは、がっかりせずに、
新しい曲を楽しみませんか？

誰かが、卵を泡立てて小麦粉を入れてみたように、
私達が、甘酒のとろみとレモンの酸で、お米の粉をふくらませてみても、
なんの不思議もないと思います。
新しい曲は自由です。
いくらでもアレンジを加えて、自分だけの曲をどんどん作ることもできます。

何かを食べると頭が痛くなったり、お子さんの背中がかゆくなったりするのは、
みなさんのせいではありません。
「食べられない」には理由があるんです。
だから顔を上げて、ワクワクしながら、家族みんなで食べられる、
どこにも売っていないおやつを作りましょう。

もうすぐあたらしい時代がやってくるはずです。

最後に、カメラマンの寺澤さん、太陽のような情熱をありがとうございました。
スタイリストの智代さん、流星のようなときめきを、デザイナーの藤田さん、
新しい風を、ありがとうございました。そして編集の和田さん、
和田さんがいたから、あきらめずに進むことができました。
みなさんのおかげでこの本が生まれたことを心から感謝いたします。
同じ思いで一緒に走ってくれた、茶会スタッフのみんなもありがとう！

2016年8月吉日　白崎裕子

白崎裕子 しらさき・ひろこ

東京生まれ（埼玉育ち）葉山在住（借家）。逗子市で30年以上続く自然食品店「陰陽洞」主宰の料理教室の講師を経て、海辺に建つ古民家で、オーガニック料理教室「白崎茶会」を開催。予約のとれない料理教室として知られ、全国各地から参加者多数。岡倉天心を師と仰ぎ、日々レシピ製作と教室に明け暮れる。座右の銘は「魂こがしてパンケーキこがさず」。著書に、『にっぽんのパンと畑のスープ』『にっぽんの麺と太陽のごはん』『かんたんお菓子』『かんたんデザート』『ココナッツオイルのかんたんレシピ』（すべてWAVE出版）、『白崎茶会のかんたんパンレシピ』（学研パブリッシング）、『秘密のストックレシピ』（マガジンハウス）がある。
HP「インズヤンズ梟城」
http://shirasakifukurou.jp

白崎茶会の
あたらしいおやつ
小麦粉を使わない かんたんレシピ

2016年 9月29日 第1刷発行
2017年 9月 8日 第8刷発行

著者　白崎裕子
発行者　石﨑孟
発行所　株式会社マガジンハウス
　　　　〒104-8003
　　　　東京都中央区銀座3-13-10
　　書籍編集部　☎03-3545-7030
　　受注センター　☎049-275-1811

印刷・製本　凸版印刷株式会社

©2016 Hiroko Shirasaki, Printed in Japan
ISBN978-4-8387-2891-6 C2077

乱丁本、落丁本は購入書店名明記のうえ、小社制作管理部宛にお送りください。送料小社負担にて、お取り替えいたします。但し、古書店等で購入されたものについてはお取り替えできません。定価は帯とカバーに表示してあります。
本書の無断複製（コピー、スキャン、デジタル化等）は禁じられています（但し、著作権法上の例外を除く）。断りなくスキャンやデジタル化することは著作権法違反に問われる可能性があります。

マガジンハウスのホームページ
http://magazineworld.jp/

撮影　——　寺澤太郎
スタイリング　——　高木智代
デザイン　——　藤田康平（Barber）
編集　——　和田泰次郎
プリンティングディレクション　——　金子雅一（凸版印刷）

調理助手　——　山本果、会沢真知子、和井田美奈子、水谷美奈子
　　　　　　　八木悠、菊池美咲、田口綾
調理協力　——　堀口葉子、樽茶麻子、木村泰子
食材協力　——　陰陽洞
小物協力　——　金沢よしこ（古道具・器）
協力　——　伊藤由美子、工藤由美、鈴木清佳、相川真紀子
　　　　　　上杉佳緒理、菜園野の扉

参考資料（デザイン）　——　『COOKING FROM ABOVE』（Hamlyn）